NOTICE BIOGRAPHIQUE

SUR

MGR DE LA MOTTE

DE BROONS ET DE VAUVERT,

ÉVÊQUE DE VANNES,

PAR MONSEIGNEUR LE JOUBIOUX,

CHAPELAIN INTIME HONORAIRE DE SA SAINTETÉ

ET CHANOINE DE L'ÉGLISE CATHÉDRALE DE VANNES.

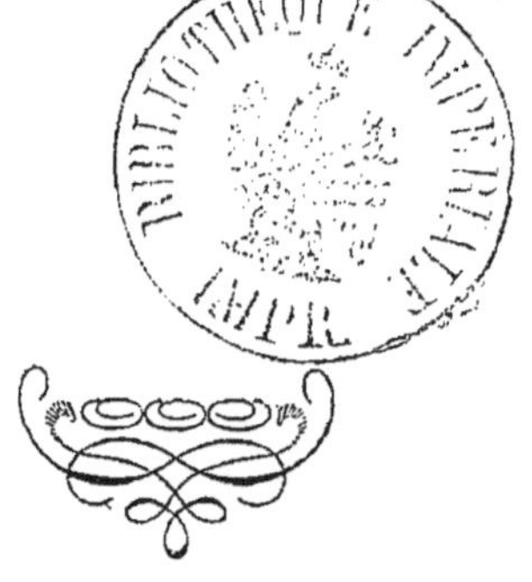

VANNES,

CHEZ J.-M. GALLES, IMPRIMEUR DE L'ÉVÊCHÉ.

—

1861.

Pendant les trente ans que j'ai passés près de Monseigneur Charles-Jean de la Motte de Broons et de Vauvert, évêque de Vannes, chaque année, à pareil jour (4 novembre, fête de saint Charles), j'avais le bonheur de déposer l'hommage de mon amour filial aux pieds de ce pieux prélat qui accueillait mes vœux avec une touchante bonté, sachant bien qu'ils étaient l'expression de mes sentiments dévoués.

Je cru qu'un moyen de lui témoigner, même après sa mort, mon inaltérable attachement, était de contribuer, dans la mesure de mes forces, à perpétuer sa chère et vénérée mémoire dans un diocèse qu'il a si longtemps édifié par ses exemples, et où il a répandu tant de bienfaits. C'est dans ce but que j'entreprends aujourd'hui de composer une notice biographique sur ce saint évêque.

Comme j'ai vécu plus d'un quart de siècle dans son intimité, il est peu de traits de sa vie que je ne connaisse parfaitement. Ces traits me paraissent propres à faire aimer et vénérer de plus en plus sa mémoire, et c'est ce qui me détermine à les faire connaître.

Ma vie ayant été si longtemps et si étroitement liée à celle de Monseigneur de la Motte, je serai probablement contraint de parler de moi dans plus d'une page de cette biographie. Mais si je ne puis m'effacer entièrement, je tâcherai du moins de ne me mettre en scène que lorsque le récit m'y obligera.

J'espère que mon opuscule, qui ne pourra être que très-imparfait, trouvera, dans l'expression de ma piété filiale, ou sa recommandation ou son excuse. *Hic liber ,.... professione pietatis, aut laudatus erit, aut excusatus.* (TACITE. Vie d'Agricola.)

NOTICE BIOGRAPHIQUE

MONSEIGNEUR DE LA MOTTE DE BROONS ET DE VAUVERT,

ÉVÊQUE DE VANNES.

CHAPITRE Ier

> Erit tanquam lignum quod plantatum
> est secus decursus aquarum , quod
> fructum suum dabit in tempore suo.

Charles-Jean de la MOTTE DE BROONS ET DE VAUVERT naquit à Saint-Père, paroisse de l'ancien diocèse de Saint-Malo, le 13 août 1782. Son père, officier supérieur de la marine de l'État, s'appelait Charles-Louis, et sa mère se nommait Rose-Françoise-Jeanne DE BAUDRAND.

Il passe pour constant que, du côté paternel, il descendait de l'illustre famille Du Guesclin. Comme le héros breton, le père de Mgr de la Motte crut que la carrière des armes était la seule qui lui convînt. Pendant la guerre pour l'indépendance de l'Amérique, il se montra habile marin et déploya une brillante valeur, ce qui lui valut, à un âge peu avancé, le grade de capitaine de vaisseau.

Mais sa santé avait été fort altérée par les fatigues qu'il avait eu à supporter durant ses longues et nombreuses campagnes. A l'âge de trente et quelques années, il fut obligé de renoncer à une carrière qui lui promettait le plus brillant avenir. Ce sacrifice lui coûta beaucoup.

Condamné au repos, il résolut de consacrer désormais tous ses instants à l'éducation de son fils aîné, Charles-Jean, et de son autre fils, qui portait le nom de Jacques. Il voulut en faire des hommes utiles à leur pays, et, dans ce but, les habituer aux privations, les endurcir à la fatigue. Il adopta pour eux un plan d'éducation dans lequel perçait plus ou moins l'esprit de cette époque où l'on voulait tout réformer. Ainsi, tous les matins, au sortir du lit, les deux enfants devaient être plongés, en toute saison, dans un bain froid. Il fallait les laisser, quelque temps qu'il fît, prendre leurs ébats au jardin, et, fussent-ils mouillés jusqu'aux os, ils ne devaient pas changer de vêtements. Les deux enfants s'accommodaient assez de ce régime. Mais il y avait un autre article de leur règlement contre lequel ils étaient bien tentés de s'insurger : il leur était interdit de manger d'une viande quelconque. Sur ce point, on se permettait de nombreuses infractions à la loi paternelle. Mme la comtesse de la Motte et surtout la domestique chargée du soin des deux enfants, moins sévères l'une et l'autre que le père, leur permettaient en cachette l'usage du fruit défendu. Mais il fallait arriver à en user même en présence du père, ce qui n'était pas une victoire facile à remporter ; c'est là pourtant qu'arrivèrent les enfants, aidés de leur mère. Un jour, le jeune Jacques de la Motte dit résolument qu'il voulait de la *brochée* et qu'il en aurait. On rit beaucoup de ce propos du petit mutin ; le père en rit lui-même et se laissa vaincre.

Ce n'était heureusement que pour l'éducation physique de ses enfants que M. le comte de la Motte avait des idées un peu singulières : pour leur éducation morale, il n'avait que des idées parfaitement saines. Il voulait qu'ils fussent fidèles à Dieu et à leur roi, et qu'ils s'efforçassent de devenir des hommes solidement instruits. Ceux qui les ont connus peuvent dire si la première partie du programme paternel n'a pas été exactement remplie ; si la seconde ne l'a été qu'à un degré inférieur, la cause unique en a été le cruel exil auquel ils furent condamnés encore tout enfants. Je n'ai pas à raconter ici la vie de M. le vicomte Jacques de la Motte, mais je ne puis m'empêcher de le dire en passant : parmi les hommes bons et droits que j'ai rencontrés dans ce monde, où ces hommes sont devenus de plus en plus rares, je n'en ai pas trouvé de meilleurs ni de plus droits que lui.

Quant à Mgr de la Motte, il avait reçu de la nature les plus heureuses dispositions tant pour la vertu que pour la science. Comme les descendants des grandes races militaires, il était, à la vérité, d'un naturel ardent quelquefois jusqu'à l'emportement; mais il avait une âme aimante, généreuse, capable de tous les sacrifices et de tous les actes d'humilité pour faire oublier ses torts.

Sa piété allait parfois jusqu'au scrupule.

Tous ceux qui ont vu de près Mgr de la Motte savent que son intelligence était des plus pénétrantes et d'une rectitude parfaite. Ils savent qu'il était doué d'une mémoire extraordinaire; même dans les derniers temps de sa vie, il se rappelait le contenu des livres qu'il avait lus dans son plus bas âge, et il n'hésitait jamais sur une date ou un nom historique. Jusqu'à ses derniers jours, il avait fidèlement gardé le souvenir de toutes les affaires tant soit peu importantes qu'il avait eu à traiter pendant sa longue administration épiscopale.

Avant son départ pour l'exil, le jeune de la Motte n'avait pas encore commencé ses études littéraires ; mais, dès lors, son intelligence s'était fort développée sous l'influence de deux passions qui sembleraient devoir s'exclure et qui s'alliaient dans son âme : celle de la lecture des ouvrages historiques et celle du monde. Il montrait autant d'ardeur à se renfermer dans sa chambre, où il dévorait les livres, qu'à se rendre au salon, où il assistait parfois à une conversation animée et élégante et où, plus souvent, il s'asseyait à une table de jeu.

CHAPITRE II.

*Super flumina Babylonis illic sedimus
et flevimus cum recordaremur Sion.*

Jusqu'à dix ans, le jeune de la Motte n'avait connu de la vie que les douceurs : il touchait à un moment où il en devait aussi connaître l'amertume.

Au mois de juillet 1792, il prit avec ses parents et son frère le chemin de l'exil. Leur première étape fut la Belgique, où l'oncle de son père s'était marié à une riche veuve espagnole. La maison de ce parent s'ouvrit pour recevoir la famille exilée. Tant qu'il y fut, le jeune de la Motte ne sut point par expérience combien est amer le pain de l'exil; c'est une épreuve qu'il devait subir bientôt.

Après la bataille de Jemmapes, l'armée française victorieuse envahit la Belgique et contraignit les pauvres émigrés à fuir devant elle. La famille de la Motte courut se réfugier à Maëstricht. C'est là que le jeune Charles fut, pour la première fois, séparé de ses parents. Comme il était d'une santé délicate, ceux-ci ne voulurent pas l'emmener au milieu de l'hiver jusqu'en Allemagne, et le placèrent dans une maison d'éducation. Ils devaient, au printemps suivant, revenir le prendre et le mener avec eux à Hagen, où ils comptaient se fixer. Mais ils ne tardèrent pas à regretter vivement de l'avoir laissé après eux à Maëstricht. Cette ville fut assiégée par Miranda et soutint un long siége. Durant le bombardement de la place, le jeune de la Motte et ses condisciples passaient les jours et les nuits dans une cave humide où ils avaient pour lit quelques fagots. Le bruit affreux des boulets et des bombes ne l'effrayait nullement, et le courageux enfant demandait comme une grâce au maître de pension la permission d'aller se battre contre l'ennemi. Aussitôt que l'archiduc Charles eut forcé Miranda à lever le siége de Maëstricht, M. le comte de la Motte vint reprendre son fils et le conduisit en Allemagne. Quelle joie pour celui-ci de se retrouver avec son père, sa mère et son frère! Mais cette joie n'était pas sans mélange : il ne tarda pas à s'apercevoir que la pauvreté allait entrer sous le toit de ses parents. Ceux-ci, comme la plupart des émigrés, avaient pensé qu'ils ne quittaient la France que pour peu de temps. L'ordre, croyaient-ils, serait rétabli bientôt; le roi serait replacé sur le trône plus solidement que jamais; c'était un ouragan qui passait sur la France, y semant les ravages et l'épouvante, mais qui, comme tous les ouragans, ne pouvait être de longue durée. Pourquoi donc s'embarrasser d'une grosse somme d'argent et de bagages inutiles? Assez d'argent, assez de vêtements pour passer quelques mois en pays étranger, c'était tout ce qu'il fallait.

Malheureusement pour les émigrés, les évènements allaient à l'encontre de leurs prévisions. En novembre 1792, l'armée française, qui devait être battue par les étrangers, battait les étrangers à Jemmapes; le roi, qui devait être rétabli sur le trône, était décapité le 21 janvier 1793; enfin, au mois de mars de la même année, une loi de la Convention confisquait les biens des émigrés.

Voilà donc la famille de la Motte, qui se compose du père dont la santé est chancelante, de la mère habituée à toutes les douceurs de la vie, de deux enfants élevés, il est vrai, sans mollesse, mais n'ayant jamais manqué d'aucune de ces choses qui donnent du charme à l'existence, la voilà réduite à habiter une petite maison d'une petite ville d'Allemagne, Hagen, et à s'imposer les plus dures privations, car l'argent tire à sa fin.

Il fallut se passer de domestique, se passer de feu et de vêtements chauds dans un pays où l'hiver est très-rigoureux. Et si le présent est triste, l'avenir se peint à leurs yeux avec des couleurs plus sombres encore, car les illusions se sont dissipées, et ils ne peuvent plus compter sur un prompt retour en France.

Que de fois j'ai ouï Mgr de la Motte parler de cette époque de sa vie où il s'agissait, pour sa famille, d'avoir le plus strict nécessaire! Il assistait sa mère dans l'apprêt de leurs maigres repas; il l'accompagnait quand elle allait faire ses provisions au marché de Hagen; il lui servait d'interprète, car il apprit en peu de temps la langue allemande que Mme la comtesse de la Motte ne parvint jamais à parler. Lors même que celle-ci était accompagnée de l'un de ses enfants, il lui arrivait encore d'être trompée par les Juifs de Hagen. Que de fois Mme Salomon, digne bouchère, ne lui vendait-elle pas, au lieu de mouton, ce qu'en patois allemand on appelle de la *hipp* (chèvre)?

Il ne faudrait pas croire que même de la *hipp* parût souvent sur la table du capitaine de vaisseau M. le comte de la Motte;

c'était seulement aux jours de dimanches et de fêtes que l'on s'accordait autre chose que de la soupe, un peu de légumes ou du lard.

Une pareille cuisine ne paraît pas dispendieuse : cependant le moment ne semblait pas éloigné où les descendants des Du Guesclin ne pourraient plus se procurer les objets de première nécessité : ils allaient se trouver sans ressources. Mais la providence vint à leur secours. M. de la Motte avait toujours été très-bon pour ses domestiques, tradition qui se conserve fidèlement dans sa famille. Sa bonté trouva un cœur reconnaissant. Une pauvre fille de Dinan, qui avait été cuisinière chez lui jusqu'au moment de l'émigration, avait conservé pour ses anciens maîtres un de ces attachements, communs alors et plus rares de nos jours, qui diffèrent peu de l'amour filial. Elle savait que la somme dont s'étaient pourvus ses maîtres à leur départ de France n'était pas considérable; elle calculait que, si petites qu'eussent été leurs dépenses, cette somme ne devait pas tarder à être épuisée; elle savait, d'autre part, que, dans la cave de leur maison de Dinan, ils avaient enfoui une somme de dix mille francs. Mais elle savait aussi que cette maison avait été mise sous le séquestre, que les scellés avaient été apposés à toutes les portes. Elle n'ignorait pas que s'introduire dans cette maison, briser les scellés, était alors jouer sa tête. S'il n'avait fallu que s'exposer à périr sur l'échafaud pour venir en aide à ses anciens maîtres, elle n'eût pas hésité un instant; mais seule elle ne pouvait pas enlever la somme enfouie; il fallait exposer une autre vie que la sienne. Ce fut là ce qui la retint quelque temps dans un cruel état de perplexité. Cependant elle parla à son frère, père de plusieurs enfants, du coup qu'elle voulait faire dans l'intérêt de la famille de la Motte. Le frère était digne de la sœur. « Il n'y a pas à balancer, lui dit-il, l'œuvre que nous » entreprenons est sainte; le bon Dieu sera pour nous. » La nuit même qui suivit ce colloque, le frère et la sœur franchissaient les murs du jardin joignant la maison de M. le comte de la Motte, brisaient une porte qui donnait entrée à la cave et enlevaient joyeusement les dix mille francs.

Ceux qui furent assez dévoués pour aller prendre cette somme furent assez habiles pour la faire tenir à la famille de la Motte. Oh! quelle fut la joie des pauvres exilés! Quelles bénédictions ils appelèrent sur la tête de leurs bienfaiteurs! Ce fut grâce à ces dix mille francs qu'ils purent traverser plusieurs années d'exil sans manquer des choses absolument nécessaires. Ce fut grâce à cette somme que M. le comte de la Motte put donner des maîtres à ses enfants.

Durant deux ans, le jeune Charles étudia avec une ardeur dévorante le latin, l'allemand, les mathématiques, l'histoire, et s'appliqua à la musique avec une telle passion que parfois il jouait du violon pendant cinq et six heures consécutives.

Au bout de ces deux ans, il fut admis, comme cadet, dans les rangs de l'armée prussienne.

CHAPITRE III.

Le prêtre et le chevalier français sont
parents. *(Joseph de Maistre.)*

Charles-Jean de la Motte n'avait que quatorze ans lorsqu'il partit pour Minden, où était en garnison le régiment dans lequel il devait entrer. Il lui tardait de porter l'habit militaire; il allait enfin entrer dans une carrière illustrée par ses ancêtres, et pour laquelle il avait un goût prononcé. Il allait se trouver avec des jeunes gens de son âge et s'en faire des amis. Il espérait, par sa bonne conduite et son application à remplir les devoirs de son état, conquérir l'estime et la protection de ses chefs. Son cœur bondissait de joie devant cette perspective. La suite de l'histoire de sa vie prouvera que ses espérances se réalisèrent.

La veille de son entrée au corps, son régiment faisait la petite guerre dans une plaine aux environs de Minden. Le jeune cadet eut la curiosité d'assister à cet exercice; mais vint un moment où il regretta de n'être pas resté à son hôtel : par suite d'une manœuvre exécutée par les ordres du colonel, il se vit tout-à-coup en face d'une compagnie qui apprêtait ses armes pour faire feu. Il était bien persuadé que les fusils étaient chargés à balles. Que faire? la raison lui disait qu'il devait se retirer, mais l'honneur, la crainte de passer pour avoir eu peur lui criait qu'il devait rester immobile à sa place. Ce fut à la voix de l'honneur qu'il obéit. Son hésitation fut remarquée, et on lui sut gré d'avoir bravé un danger qui n'était qu'imaginaire, sans doute, mais qui, à ses yeux, était très-réel.

Le jeune cadet fut mis en pension chez un vieux sergent, lequel devait, pour une somme mensuelle de vingt francs, lui enseigner le maniement des armes, lui donner des leçons de théorie, et enfin lui fournir le logement et la table. Il est facile de se faire une idée de ce que devaient être la table et le logement du vieux sergent. Cependant le rude sous-officier avait deux appartements dans son logis : l'un pour lui et sa femme, l'autre pour son pensionnaire. Dans sa chambre le jeune de la Motte jouissait d'avantages inappréciables : de son lit, il pouvait ouvrir sa porte et sa fenêtre, et saisir les objets déposés sur sa table et ses deux chaises. Tels étaient les meubles et telle la grandeur de l'appartement.

La table du sergent n'exposait pas le jeune pensionnaire à contracter le vice de la sensualité ; au prix du sous-officier prussien les Spartiates étaient des Sybarites. Pendant que dura un louis qu'à son départ il avait reçu de ses parents, le jeune de la Motte trouvait un supplément à l'ordinaire du sergent dans les tablettes de chocolat dont il faisait largement usage ; mais le louis ne dura guères : les autres cadets du régiment aidèrent leur nouveau collègue à le dépenser.

Charles-Jean de la Motte semblait né pour l'état militaire. Un naturel ardent et impétueux, un sentiment très-vif de l'honneur, un esprit pénétrant et juste, une grande aptitude à tous les exercices, beaucoup de grâces dans les mouvements et dans la conversation : telles étaient les qualités qui le distinguaient. Cet ensemble de qualités lui valut l'estime, la considération de ses chefs, l'amitié de ses égaux et l'attachement de ses subordonnés.

Aussi passa-t-il rapidement par les grades inférieurs de l'armée, et arriva-t-il, à dix-huit ou dix-neuf ans, au grade d'officier d'artillerie.

Quand il porta l'épée d'officier, il devint le commensal habituel de son colonel, qui fut pour lui un second père. Il trouva aussi une seconde mère dans la femme de cet officier supérieur. Mgr de la Motte ne cessait de parler de ces excellentes gens et de se louer de leurs bontés à son égard.

Du moment où il fit, pour ainsi dire, partie de la famille de son colonel, le jeune de la Motte se regarda comme le plus heureux des hommes. Il était l'officier le plus en faveur et, chose rare, sans avoir excité la jalousie de ses camarades. Il aimait le monde, et le voilà dans l'obligation de faire les honneurs de la maison de son chef. La plus douce jouissance de son cœur était de faire du bien aux malheureux, et désormais ses appointements lui donnent le moyen de satisfaire ce noble penchant. Qu'est-ce qui pouvait manquer à son bonheur? Une chose pourtant aurait pu, même au milieu de sa prospérité, le rendre souverainement malheureux : c'était si on l'avait blessé dans ses sentiments de Français et dans ses sentiments de catholique. Mais, à l'époque dont je parle, la Prusse n'avait de sentiments hostiles ni à l'égard de la religion catholique, ni à l'égard de la France. Dans l'armée prussienne, les noms de nos généraux, et surtout le nom du plus grand de tous étaient extrêmement populaires. Peu s'en fallait qu'on ne s'y réjouît des malheurs de l'Autriche.

A l'égard des catholiques, il n'y avait aucune hostilité ni dans le gouvernement ni dans le peuple. Le gouvernement, loin de les entraver dans l'exercice de leur religion, leur donnait, au contraire, toute facilité pour en accomplir les devoirs. Ainsi, à l'approche des principales solennités religieuses, il envoyait des prêtres aux régiments composés en partie de catholiques, afin que ceux-ci pussent se confesser et recevoir les sacrements. L'on disait assez généralement alors que l'un des princes de la famille royale était à la veille d'embrasser la religion catholique : c'était Frédéric-Guillaume, qui depuis en a été le persécuteur; mais, à cette époque, il n'avait pas encore fabriqué une religion dite évangélique.

Ce qui prouve que, de son côté, le peuple prussien n'était pas hostile, c'est qu'il accueillit parfaitement les pauvres prêtres français obligés de fuir devant la persécution. Mgr de la Motte aimait à raconter qu'à Hagen, à Minden et à Munster, les protestants, ministres et fidèles, avaient imaginé un moyen plein de délicatesse pour leur venir en aide sans les humilier. Il fut convenu entre les familles riches que chacune d'elles aurait à diner, un jour par semaine, un certain nombre de prêtres français.

Le jeune officier n'était donc blessé ni dans son patriotisme ni dans sa religion.

Après la famille de son colonel, celle dont Mgr de la Motte reçut plus de bienfaits, et dont il aimait à parler le plus souvent, était celle du major de son régiment. Cette famille se composait du mari, de la femme et d'une jeune personne, leur fille. Le jeune officier dinait chez le major toutes les fois qu'il n'était pas retenu par son colonel. Les attentions dont il était l'objet dans cette famille faisaient voir que le major songeait à faire de lui son gendre. Mais la providence avait sur M. de la Motte d'autres desseins, et déjà elle faisait naître des évènements qui devaient en amener la réalisation.

M. de la Motte, qui était capitaine depuis quelques années, fut chargé d'une mission près du général Frère, dont la division était en Hollande. Il s'en acquitta à la satisfaction de ses chefs. Mais le jeune officier, dont l'âme était toute française, ne put se trouver en rapport avec ses compatriotes, sans éprouver une sorte de remords de ce que son épée ne fût pas au service de son pays.

Dès ce moment il fut atteint de nostalgie. A son retour au régiment, on le trouva tout changé; les fêtes, auxquelles il était obligé d'assister et quelquefois de présider, quand elles se donnaient chez son colonel, n'avaient plus pour lui de charmes. Ses camarades, ses plus intimes amis ne pouvaient arracher de son cœur le trait qui s'y était enfoncé; son colonel lui-même ne pouvait effacer de son esprit l'image de la patrie absente.

L'imagination du pauvre exilé évoquait devant lui tous les lieux où il avait passé son enfance, et, complaisante, elle leur prêtait des beautés qu'ils n'avaient jamais eues.

Que fallait-il dorénavant pour rendre M. de la Motte à la France? il suffit de l'évènement suivant. Après la mort de son mari décédé à Hagen au mois d'août 1805, Mme la comtesse de la Motte fit faire des démarches près du gouvernement français pour obtenir la radiation de ses enfants et la sienne de la liste des émigrés. Grâce aux pressantes sollicitations d'un chef de division du ministère de l'intérieur, qui rendit d'immenses services aux émigrés, Mme la comtesse de la Motte obtint la faveur qu'elle demandait. Elle se hâta de rentrer en France et se fixa à Paris, d'où elle écrivit à ses fils de venir la rejoindre.

Déjà depuis quelque temps, M. de la Motte vivait en France par le cœur et la pensée. Toutefois il ne faut pas croire que ce fut sans douleur qu'il quitta la terre étrangère. Pouvait-elle d'ailleurs être étrangère pour lui, cette contrée où s'était écoulée la dernière partie de son enfance et la première et la plus belle partie de sa jeunesse; une contrée où il comptait tant d'amis, où il laissait, sans espoir de les revoir jamais, entre autres familles, les deux qui avaient été si bienveillantes pour lui? Ce ne fut pas sans éprouver un cruel serrement de cœur qu'il dit adieu à son colonel et au major. Quand, sur la route qu'il parcourut de Munster à Paris, il cessa d'entendre parler allemand, il fut tenté de renoncer pour jamais à la France et de retourner près de son colonel. Mais Dieu, qui voulait faire de lui un prince de l'Église, ne permit pas qu'il succombât à cette tentation. M. de la Motte poursuivit sa route et arriva à Paris dans les premiers mois de 1806.

CHAPITRE IV.

Ingredere civitatem et ibi dicetur tibi
quid te oporteat facere.

La maison où M. de la Motte habitait à Paris avec sa mère, était celle de la place de la Croix-Rouge sur laquelle cette croix est peinte. Mme la comtesse de la Motte s'y trouvait à merveille malgré le bruit des voitures qui passaient et repassaient sur cette place jusqu'après minuit, et le bruit non moins étourdissant qu'y faisaient, dès le point du jour, les marchandes de fruits et de légumes. Elle était si heureuse d'être en France !

Assurément, l'amour de M. de la Motte pour sa patrie ne le cédait en rien à celui de sa mère ; mais Paris l'intéressait fort peu : c'est à peine s'il accordait un coup d'œil aux merveilles de la capitale. Il lui tardait de revoir sa Bretagne.

Il lui fallut cependant passer à Paris près de deux ans, et il trouva ce temps d'une longueur extrême. La seule chose qui eût pour lui de l'attrait, c'étaient les revues des troupes, parce qu'elles lui fournissaient l'occasion de voir le grand capitaine accompagné de ses généraux si célèbres eux-mêmes. Il n'était jamais témoin de ces fêtes militaires sans éprouver une sorte de désespoir. Serait-il dit que jamais les rangs de l'armée française ne s'ouvriraient pour le recevoir ? Serait-il dit que sa main ne porterait plus l'épée ? Cette pensée le consternait.

Aussi, malgré la fierté de son caractère, malgré toute sa répugnance à solliciter une faveur, fit-il des démarches pour être employé dans notre armée. Il proposa même de servir en Espagne où il se faisait une si grande consommation d'officiers français. Ses démarches furent infructueuses.

Souvent il gémissait en présence du vénérable abbé Lasausse, son directeur, de la dure épreuve à laquelle le soumettait la providence. L'abbé lui répondait : « Dieu a d'autres vues sur » vous. Il vous a préservé des dangers auxquels vous avez pu être » exposé, parce qu'il vous appelle à une autre milice, à l'état » ecclésiastique. » La première fois que l'abbé Lasausse lui tint ce langage, M. de la Motte, tout pieux qu'il était, répondit avec une extrême vivacité : « Moi, prêtre ! moi, prêtre ! j'aimerais » mieux être fusillé tout de suite. »

Le directeur ne se regarda point comme battu : il laissa s'écouler quelques jours ; puis, quand les doléances de son pénitent recommençaient, il recommençait lui-même à lui répéter : « Vous

» êtes appelé à l'état ecclésiastique. » Alors, mêmes protestations de la part de M. de la Motte.

Cette lutte entre le confesseur et le pénitent dura près d'une année et amenait souvent entre eux des scènes où celui-ci manquait presque toujours de modération. Quand, dans ses rapports avec le saint abbé, il s'était abandonné à la violence de son caractère, il en était honteux et désolé. Il se rendait chez le vénérable vieillard, lui faisait mille excuses et lui disait : « Quoi! » vous voudriez qu'un homme emporté comme moi fût prêtre! » Et le vieillard lui répondait avec une douceur angélique : « Ce » n'est pas moi qui le veux, c'est le bon Dieu, et vous n'avez » pas le droit de lui désobéir. »

Pour échapper à ce qu'il appelait les persécutions de M. l'abbé Lasausse, et pour se dérober à l'ennui qui le dévorait à Paris, M. de la Motte partit pour la Bretagne. Pendant les deux ans qu'il venait de passer dans la capitale, il avait fort peu fréquenté la société; la seule famille qu'il vît habituellement était celle de cet excellent chef de division à qui il devait sa radiation de la liste des émigrés. C'était une des familles dont Mgr de la Motte gardait précieusement le souvenir.

CHAPITRE V.

> Ego elegi vos et posui vos ut eatis, et fructum afferatis, et fructus vester maneat.

Une fois en Bretagne, M. de la Motte éprouva le besoin de visiter les lieux où il avait passé ses premières années. Hélas! il vit en mains étrangères les biens de ses ancêtres. Ce spectacle fut douloureux pour lui, et il n'eût pas tardé à quitter Dinan, s'il n'avait pas eu à y remplir un devoir sacré et bien cher à son cœur. Pouvait-il ne pas y voir, embrasser et remercier la généreuse domestique qui avait exposé sa vie et celle de son frère pour procurer à ses anciens maîtres des moyens d'existence? Ce devoir accompli, M. de la Motte revint à Rennes où nous le trouverons désormais jusqu'à sa promotion à l'épiscopat.

En 1808, la plupart des émigrés bretons étaient rentrés dans leur pays ; ils formaient à Rennes une société assez nombreuse que M. de la Motte fréquentait chaque jour. Quoiqu'ils eussent perdu la plus grande partie de leur fortune, ils reprirent, autant qu'il leur était possible, leurs anciennes habitudes. Ainsi, plusieurs fois la semaine, on se réunissait pour faire la partie, tantôt dans une maison, tantôt dans une autre. Les frais de réception n'étaient pas considérables : ils se bornaient aux seules dépenses d'éclairage. La partie commençait à sept heures du soir et finissait à neuf, qui était l'heure du souper. M. de la Motte était exact à se rendre à ce que l'on appelait l'assemblée, et ne pouvait se lasser d'admirer en ces martyrs de la révolution une grâce et une gaîté que n'avaient point altérées leurs malheurs. Parmi les joueurs, il y en avait deux qui amusaient souvent les autres par leur caractère un peu singulier. L'un était un vieil amiral, l'autre un vieux chanoine. Quelquefois ils se prenaient de querelle, et l'on prétend que l'amiral aurait dit un jour à l'abbé : « Si vous n'étiez pas prêtre, monsieur chose, cela ne se passerait » pas comme ça. » A quoi l'abbé aurait répondu : « Qu'à cela » ne tienne, monsieur chose vous-même. » Alors des rires homériques dans l'assemblée : les deux antagonistes étaient plus que septuagénaires.

Mais d'autres pensées que celles du jeu préoccupaient M. de la Motte. La persécution dont il avait été l'objet à Paris recommençait contre lui à Rennes. Son confesseur prétendait, comme le vénérable abbé Lasausse, qu'il était appelé à l'état ecclésiastique. M. de la Motte résista longtemps, il pria beaucoup, puis, craignant de compromettre l'affaire de son salut en s'obstinant à rester dans le monde, il prit la résolution de triompher de toutes ses répugnances et d'entrer au séminaire. Mais chaque fois qu'il entendait le son du tambour ou qu'il voyait l'habit militaire, les larmes lui venaient aux yeux, et il sentait sa résolution chanceler. Enfin il prit la soutane en 1809.

CHAPITRE VI.

*Quomodo dilexi legem tuam, Domine?
tota die meditatio mea est.*

M. de la Motte n'avait fait que de très-imparfaites études littéraires, et, depuis longues années, il n'avait pas jeté les yeux sur un livre latin. Cependant, à son grand étonnement, il n'eut aucune peine à comprendre le latin de la philosophie de Lyon, et, au bout de quelques mois, il argumentait aussi bien que les meilleurs latinistes, en se permettant parfois des barbarismes et des solécismes. Sa supériorité dans sa classe lui valut même la charge de répétiteur de philosophie parmi ses condisciples.

L'année suivante, il commença son cours de théologie, et il le fit avec une très-grande distinction. M. l'abbé Hoguet, l'un de ses professeurs, et M. l'abbé Millaud, alors supérieur du grand séminaire, et qui depuis fut appelé au siége épiscopal de Nevers, s'accordaient à dire que, si M. l'abbé de la Motte eût fait un cours régulier d'études, il serait devenu l'une des gloires du clergé français. C'est M. l'abbé Dartois, mort, il y a peu de temps, curé de Saint-Germain, qui m'a dit avoir entendu souvent ces deux hommes, très-compétents assurément, prononcer ce jugement flatteur sur M. de la Motte.

Ce dernier fit dans la piété des progrès non moins grands que dans la science théologique; c'était le modèle des séminaristes. Supérieur à tous par la naissance et d'un mérite que personne ne surpassait, il ne cherchait qu'à se faire oublier. Il n'eut aucune peine à se plier à la vie du séminaire; cette vie de règle, de prière, d'étude, lui plut beaucoup, et il trouva bien courtes les années qu'il y consacra.

Comme l'évêque qui, à cette époque, occupait le siége de Rennes, Mgr Énoc, était aveugle, M. de la Motte fut obligé d'aller à Saint-Brieuc pour y recevoir les ordres. Le 14 mars 1812, il reçut des mains de Mgr Caffarelli la tonsure, les quatre ordres mineurs et le sous-diaconat. Le 22 mai de la même année, il reçut le diaconat par le ministère du même prélat. Il fut ordonné prêtre à la fin de 1812.

La première place qu'il occupa après son ordination fut celle de professeur de mathématiques au petit séminaire de Rennes, dont M. l'abbé Desrieux était supérieur.

Sa seconde place fut celle de vicaire de Saint-Germain. Il avait pour collégue un homme d'un grand mérite et d'un caractère charmant, M. l'abbé Caron, mort évêque du Mans. Les deux vicaires étaient fort liés entre eux et avec leur curé. Que de fois j'ai entendu Msr de la Motte parler des tours plaisants que M. Caron jouait à son cher collégue et même au curé.

Après quelques années de vicariat, il devint chanoine de la cathédrale de Rennes. Alors il eut beaucoup de loisir. Afin d'employer son temps de la manière la plus utile, il se traça une règle dont il ne se départit jamais pendant qu'il fut chanoine : il se levait de grand matin, faisait ses trois quarts d'heure de méditation, disait la messe à Saint-Germain, entendait les confessions des personnes qui se présentaient à son tribunal; puis, après avoir récité son office, il étudiait la théologie jusqu'à midi. C'était l'heure de son dîner. Le dîner fait, et cela lui demandait fort peu de temps, il allait prendre sa récréation au grand séminaire : c'était le bon moment de sa journée. Le temps de la récréation passé, il retournait à ses livres de théologie, dont il n'interrompait l'étude que pour la récitation de son office et pour quelques moments d'entretien avec sa famille.

M. de la Motte, qui aimait l'étude de la théologie, savait y renoncer quand l'utilité du prochain le demandait. Lorsque, dans les dernières années de l'Empire, il y eut à Rennes un grand nombre de prisonniers prussiens, il devint leur ange consolateur. C'était pour lui un bonheur d'acquitter la dette de reconnaissance qu'il avait contractée envers la Prusse. Beaucoup d'entre eux furent atteints de fièvres pernicieuses, plusieurs étaient couverts de gale, presque tous l'étaient de vermine : rien de tout cela n'éloignait des prisonniers M. de la Motte, qui passait au milieu d'eux toutes ses journées, confessant ceux qui étaient catholiques, et apportant à tous des paroles de consolation. Ce zèle de M. l'abbé de la Motte était la désolation de sa mère, qui craignait qu'il ne rapportât de son commerce avec les Prussiens la fièvre typhoïde, la gale ou au moins ce qu'elle appelait de la garnison.

M. l'abbé de la Motte confessait un grand nombre d'hommes de toutes les classes de la société; il était directeur de la congrégation des hommes quand il fut appelé au siége de Vannes.

Cette vie, partagée entre l'étude et l'exercice du saint ministère, était singulièrement propre à le former aux fonctions de l'épiscopat. Aussi, quand il y fut appelé, en 1827, avait-il et toute l'expérience et toutes les connaissances que doit posséder un évêque.

Le diocèse de Vannes venait de perdre, à des intervalles très-rapprochés, Mgr de Bruc et Mgr Garnier.

Mgr de Bruc, né à Valet, diocèse de Nantes, et ancien grand-vicaire de ce diocèse, avait occupé le siége de Vannes depuis la fin de 1819 jusqu'au 15 juin 1826, époque de sa mort.

Mgr Garnier ne l'occupa que quelques mois : il arriva à Vannes vers la fin de 1826 et y mourut le 2 mai 1827. Ce prélat, né à Langres en 1761, avait été secrétaire de Son Éminence Mgr le cardinal de la Luzerne; plus tard, il remplit les mêmes fonctions, avec celles de vicaire-général, près du fameux évêque de Trèves, Mgr Mannay. Quand ce dernier fut appelé au siége de Rennes, il l'amena avec lui comme grand-vicaire. Après la mort de Mgr Mannay, le chapitre de Rennes nomma M. Garnier vicaire capitulaire, et Mgr de Lesquen le prit pour l'un de ses vicaires-généraux.

Pour remplacer Mgr Garnier sur le siége de Vannes, le gouvernement nomma M. l'abbé de la Guérétrie, curé de l'une des paroisses de Vitré.

Ce saint et digne prêtre céda d'abord aux instances pressantes que l'on fit près de lui pour qu'il acceptât. Mais bientôt, réfléchissant à son âge avancé et à ses infirmités, il revint sur sa première détermination et pria le gouvernement d'agréer sa démission. Elle fut acceptée. Le gouvernement, qui depuis longtemps songeait à M. de la Motte pour un siége épiscopal, le nomma à celui de Vannes, le 4 juillet 1827.

Pour déterminer M. de la Motte à accepter, il fallut les conseils de ses amis et, pour ainsi dire, les ordres du vénérable évêque de Rennes et du nonce, alors Mgr Lambruschini. Je sais, de la famille de Mgr de la Motte, que, les jours qui suivirent sa nomination, il fut plongé dans une profonde tristesse. Il ne reprit sa gaîté ordinaire que lorsque, après avoir scruté ses actes et son cœur, il put se dire à lui-même en toute vérité : c'est Dieu qui m'appelle à l'épiscopat; car non-seulement je n'ai jamais fait aucune démarche pour y parvenir, mais je n'ai même jamais désiré une pareille charge.

L'acceptation, puis le refus de M. de la Guérétrie, furent cause que le siége de Vannes resta vacant depuis le 2 mai 1827 jusqu'au 15 novembre de la même année : situation pénible et non sans danger pour un diocèse, alors même que l'administration diocésaine serait confiée à des mains habiles et expérimentées.

Dès que Mgr de la Motte eut connaissance de sa préconisation, qui eut lieu le 4 octobre 1827, il se rendit à Paris et logea au séminaire des missions étrangères où il fit sa retraite.

Il fut sacré dans la chapelle des carmes, le jour de la fête de S. Simon et de S. Jude, 28 octobre 1827, par Mgr de Quélen, archevêque de Paris. Les évêques assistants étaient celui de Mende et celui d'Iméria.

Le même jour, Mgr Fraissinous, ministre des cultes, sacrait Mgr l'évêque de Bayeux. Les hommes politiques ne pouvaient comprendre que Mgr de la Motte, qui ne devait pas ignorer, et qui savait èn effet que Mgr de Quélen était en ce temps-là très-mal en cour, l'eût choisi pour son consécrateur, de préférence à Mgr d'Hermopolis, à qui il devait sa nomination au siége de Vannes. Ces hommes prudents, s'ils eussent connu Mgr de la Motte, eussent trouvé sa conduite toute naturelle : il était plein d'admiration pour l'ancien conférencier de Saint-Sulpice et pour le saint évêque qui ne faisait que d'heureux choix pour l'épiscopat en France. Mais Mgr Fraissinous était en faveur; assez de gens lui faisaient la cour. Aux yeux de Mgr de la Motte, c'était un rôle bien plus noble et plus courageux d'être le courtisan d'un fier Breton, qui portait sans fléchir le poids de la disgrâce.

Peu de jours après son sacre, Mgr de la Motte obtenait son audience de congé du roi Charles X, de Mme la dauphine et de Mme la duchesse de Berry, et quittait au plus tôt Paris où il ne devait plus revenir. Il s'arrêta quelques jours à Rennes pour voir sa famille et dire adieu à ses nombreux amis, puis il partit pour Vannes où il arriva le 14 novembre.

Je me rappelle, comme si elle avait eu lieu hier, la cérémonie de l'entrée de Mgr de la Motte à Vannes. On alla processionnellement au devant de lui sur la route de Rennes. Le chapitre, les prêtres de la ville et des environs et tous les séminaristes l'attendaient en habit de chœur, et, près d'eux, se groupaient une foule immense et toutes les autorités de la ville, moins M. le comte de Chazelles qui était allé à sa rencontre jusqu'à Elven.

Quand Mgr de la Motte descendit de voiture et bénit son peuple, tous les yeux se tournèrent vers lui avec amour. On entendait de tous côtés dire à voix basse : Quelle belle et gracieuse figure!

En effet, Mgr de la Motte, qui n'était âgé que de quarante-cinq ans, était d'une beauté remarquable. Il avait les traits du visage fort réguliers, une carnation magnifique et les yeux pleins d'animation. Sa taille était un peu au dessous de la moyenne, mais il n'en perdait pas une ligne. Il se tenait droit et tous ses mouvements étaient pleins d'aisance et de grâce. Sa voix, qui n'avait pas une grande portée, était harmonieuse et pure. On avait donc raison de dire de lui ce que les Romains disaient d'un pape : *Quanto è bello!* mais il fallait ajouter avec eux : *Quanto è santo!* car c'était un pieux et saint prélat.

Monseigneur alla directement à la cathédrale où il donna la bénédiction du saint Sacrement, puis il se rendit, accompagné de tout le clergé et du peuple, au palais épiscopal qu'il devait occuper près de trente-trois ans.

Ce fut le lendemain, 15 novembre, qu'il prit possession.

CHAPITRE VII.

Attendite vobis et universo gregi in
quo vos Spiritus sanctus posuit
episcopos regere ecclesiam Dei,
quam acquisivit sanguine suo.

Les derniers prédécesseurs de Mgr de la Motte sur le siége de Vannes étaient d'un âge avancé et d'une santé chancelante quand ils avaient été promus à l'épiscopat. Ils s'étaient vus dans la nécessité de laisser, en grande partie, l'administration diocésaine entre les mains de M. l'abbé Le Gal qui, dès avant la révolution, était supérieur du séminaire sous l'épiscopat de Mgr Amelot, et qui, depuis le concordat, avait exercé les mêmes fonctions avec celles de vicaire-général.

L'influence de M. Le Gal dans le diocèse était immense et devait l'être, car c'était lui qui avait élevé et placé presque tous les prêtres; et, d'ailleurs, c'était un habile administrateur, un théologien distingué et un homme qui, sous des dehors communs, cachait une grande finesse. On pouvait dire, et on le disait, que depuis longtemps il était, de fait, évêque de Vannes.

Mgr de la Motte ne tarda pas à apprécier, comme ses prédécesseurs, les qualités de M. l'abbé Le Gal; mais il ne voulait, disait-il, donner sa crosse à qui que ce soit : il voulait, au contraire, que toutes les affaires aboutissent à lui; il voulait se mettre personnellement en rapport avec tous ses prêtres. Il était jeune, plein d'activité; il ne pouvait avoir aucune raison de laisser les rênes de l'administration entre les mains de son grand-vicaire. C'était, en effet, lui, exclusivement à tout autre, que Dieu avait établi pour gouverner l'église de Vannes.

Dès son arrivée dans le diocèse, il se condamna donc à une sévère résidence et à un travail qui eût été excessif pour un homme moins jeune et moins actif que lui. Tout s'expédia à son secrétariat, et rien ne s'expédiait de son secrétariat qu'il n'eût vu ou dicté lui-même. C'est ce qui fit qu'au bout d'un ou deux ans, il n'y avait pas de prêtre dans le diocèse qu'il n'eût entretenu, qu'il n'eût invité à sa table, ou avec lequel il n'eût au moins échangé des lettres ; et, jusqu'à ces dernières années, il ne se contentait pas de dicter ses lettres, il les écrivait lui-même, quoiqu'il écrivît très-péniblement. Aussi connaissait-il parfaitement ses prêtres, et était-il à même de les placer, non point d'après des renseignements puisés à d'autres sources, mais d'après ceux qu'il avait personnellement sur chacun d'eux.

Ce soin qu'il avait d'entretenir des relations habituelles avec ses prêtres venait de la conviction où il était que l'avenir religieux de son diocèse dépendait de son clergé. Il n'était pas moins convaincu que l'avenir de ses prêtres dépendait des maisons où ils seraient élevés, et c'est pourquoi il crut un devoir pour lui, comme c'était un bonheur, de s'occuper activement de ses séminaires.

Peu de mois s'étaient écoulés depuis son arrivée dans son diocèse, quand il lui fallut organiser son petit séminaire de Sainte-Anne. Les malheureuses ordonnances de juin 1828 fermaient toutes les maisons d'éducation tenues par les RR. PP. Jésuites. Sainte-Anne était de ce nombre. Sous la direction de ces habiles et respectables instituteurs, cet établissement était florissant. Ils y élevaient, avec de jeunes Morbihannais se destinant au sacerdoce, des jeunes gens qui avaient d'autres carrières en vue et qui, pour la plupart, appartenaient aux premières familles de la province et même des provinces voisines. La pension payée par les jeunes gens de cette dernière catégorie mettait l'établissement en état de marcher. Mais les mêmes ordonnances, qui défendaient aux Jésuites d'instruire, interdisaient aux établissements ecclésiastiques de recevoir dorénavant d'autres élèves que ceux qui se destineraient à la prêtrise. Or, comme ceux-ci appartenaient en général à des familles peu aisées, les évêques se trouvaient aux prises avec d'extrêmes difficultés.

Il est vrai que le gouvernement, pour masquer l'iniquité de la mesure prise par lui, accordait un certain nombre de bourses pour chaque petit séminaire. Mais, outre que ces bourses étaient trop peu nombreuses, les petits séminaires n'en jouirent que fort peu de temps. Une des premières mesures prises par le gouvernement issu de la révolution de juillet, fut la suppression des bourses accordées à ces établissements.

Pour fonder et soutenir son petit séminaire, Mgr de la Motte s'imposa de grands sacrifices et invita ses prêtres à s'en imposer aussi dans le même but. Son appel fut entendu. C'est grâce à ces sacrifices que le petit séminaire de Sainte-Anne a été, pour le diocèse, et est, aujourd'hui plus que jamais, une pépinière de prêtres excellents sous le double rapport de la science et de la vertu.

Pendant une dizaine d'années, Monseigneur faisait de fréquentes visites à son petit séminaire. Il aimait à se mêler aux élèves qu'il connaissait presque tous. Si, plus tard, ses visites ont été moins fréquentes et, dans les derniers temps, très-rares, c'est à ses infirmités, effet de son grand âge et d'un travail excessif, qu'il faut l'attribuer. Car, jusqu'au dernier moment de sa vie, il a porté le plus vif intérêt à sa chère maison de Sainte-Anne.

Il en confia tour-à-tour la direction aux mains habiles de MM. Lacambre, Charil, Le Blanc et Jaffré.

Il s'occupait avec le même soin de son grand séminaire. Pour des motifs qu'il est inutile d'exposer ici, il en retira la direction à une congrégation religieuse fort respectable, pour la confier à des prêtres de son diocèse. Il voyait d'ailleurs dans cette mesure de grands avantages pour son clergé. Le moment était arrivé où il avait un excédant de prêtres; c'étaient de nouvelles places qu'il aurait à donner. En second lieu, le professorat mettrait ceux qui en seraient chargés à même d'acquérir des connaissances qu'ils n'auraient pu que bien plus difficilement acquérir dans l'exercice du saint ministère; ce serait, par conséquent, une plus grande facilité qu'il aurait lui-même de pourvoir de pasteurs capables les places les plus importantes de son diocèse. Enfin, il était persuadé qu'à mérite égal, un prêtre du diocèse aurait plus d'ascendant sur les élèves qu'un étranger, parce qu'un prêtre du diocèse connaîtrait l'esprit du pays, et en aurait les allures, si l'on peut parler ainsi.

Ses prévisions se sont toutes réalisées, et il a pu, avant de mourir, confier des postes importants aux professeurs de ses deux séminaires.

Le professorat rendait la haute science accessible à quelques-uns de ses prêtres, mais ce n'était nécessairement qu'à un nombre très-borné. Mgr de la Motte cherchait, en dehors du professorat, une combinaison qui appelât un nombre plus considérable des membres de son clergé à jouir de cet avantage. Il conçut un projet qui malheureusement n'a pu être réalisé. Il y a, près de l'évêché, une maison assez vaste qui appartient au diocèse. De cette maison il voulait faire une sorte de maison de hautes études, dont il eût confié la direction à quelqu'un de ses prêtres les plus distingués. Chaque année, il y aurait reçu, à leur sortie du grand séminaire, trois ou quatre des plus capables parmi les jeunes prêtres, qui, pendant trois ans, s'y fussent appliqués à l'étude, soit des langues, soit des sciences exactes, soit de la théologie. Chaque année, ces jeunes prêtres se fussent présentés aux facultés pour subir les examens du baccalauréat, de la licence et du doctorat.

Mgr de la Motte calculait qu'au bout d'un petit nombre d'années il aurait eu, dans son clergé, un noyau de prêtres d'élite, lesquels, ayant puisé leur science dans une maison du diocèse, n'auraient pas été exposés à perdre leur simplicité et à prendre un esprit différent de celui du reste du clergé.

La révolution de 1848 empêcha la réalisation de cette combinaison. Obligé de renoncer à ce projet, il en conçut un autre dans le but de fortifier de plus en plus dans son petit séminaire les études littéraires et scientifiques. Celui-là, il l'a mis à exécution. Il déclara que les bourses données par le gouvernement aux élèves du grand séminaire, seraient accordées de préférence à ceux qui seraient munis du diplôme de bachelier-ès-lettres ou de bachelier-ès-sciences. Tout aussitôt, les élèves de Sainte-Anne se livrèrent à l'étude avec une nouvelle ardeur et, tous les ans, ils subirent avec succès les épreuves du baccalauréat. Si, depuis trois ou quatre ans, le nombre des aspirants à ces deux diplômes diminue, c'est que, depuis trois ou quatre ans, on exige des élèves ecclésiastiques, préalablement à l'examen, la consignation d'une somme de cent deux francs. Il est vrai que cette somme leur est rendue plus tard sur la demande qu'ils en font au gouvernement. Mais ce n'est pas une petite affaire pour ces élèves, appartenant en général à des familles pauvres, de se procurer cette somme de cent deux francs, à laquelle il faut ajouter une autre de cinquante francs, au moins, qu'ils dépensent pour faire le voyage de Rennes.

Ce qui précède peut donner une idée de l'intérêt que Monseigneur portait à ses deux séminaires. Ç'a été un des bonheurs de sa vie de les voir animés l'un et l'autre du meilleur esprit, et c'eût été une de ses plus douces jouissances de visiter souvent ses enfants les plus chers. Mais l'expédition des affaires du diocèse absorbait presque tous ses instants : en effet, une grande partie de sa matinée y était consacrée, et, l'après-midi, il s'y appliquait de nouveau à l'arrivée du courrier. Sa maxime était qu'il ne fallait jamais remettre au lendemain ce que l'on pouvait faire le jour même. Aussi, fidèle à cette maxime, ne laissait-il pas les affaires languir à son secrétariat. On y expédiait tous les jours les affaires que les courriers y apportaient tous les jours, quand bien même il n'y aurait eu aucun péril en la demeure. Il n'eût pas été tranquille si on avait différé d'un jour la réponse à une lettre.

Mgr de la Motte voulant, d'une part, que toutes les affaires aboutissent à l'évêché, et de l'autre, qu'elles fussent expédiées sans le moindre délai, se condamnait, par là-même, à ne s'absenter presque jamais, je ne dis pas seulement du diocèse, mais même de son palais épiscopal.

Aussi, durant ses trente-trois ans d'épiscopat, c'est à peine s'il s'est absenté de son diocèse la valeur de six mois. Le temps du concile de Rennes, quelques jours passés à Saint-Brieuc pour le sacre de Mgr Le Mée, et à Rennes à l'occasion de la remise du pallium à Mgr Saint-Marc, quelques jours aussi passés, tous les deux ou trois ans, à Cherville, chez Mme la vicomtesse de la Motte, sa belle-sœur, telles sont ses seules absences. Il ne quittait même son palais épiscopal que pour ses visites pastorales et ses visites à son petit séminaire.

Il n'allait jamais dans le monde, qu'il avait beaucoup aimé autrefois. Hormis quatre circonstances où il lui était impossible de refuser des invitations à dîner, il n'en acceptait jamais.

Ainsi on peut dire que Mgr de la Motte a observé jusqu'à l'excès la loi de la résidence.

CHAPITRE VIII.

Oportet episcopum.... esse.... doctorem.

Mgr de la Motte, qui prenait toutes les mesures pour procurer à son clergé une solide instruction, était lui-même un homme fort instruit. Il ne s'était pas borné à étudier la théologie élémentaire, dont la connaissance est indispensable pour l'exercice du saint ministère, mais qu'on peut posséder tout en restant un homme fort commun. Il avait, de plus, étudié la grande théologie, telle qu'elle est enseignée dans saint Thomas, Suarez et Bellarmin, et n'avait pas négligé l'étude du droit canon et de l'histoire ecclésiastique.

Parmi les connaissances profanes, il aimait l'histoire, les mathématiques, la philosophie et la musique. Quant à ce qu'on appelle littérature, Mgr de la Motte n'y attachait pas l'importance qu'elle mérite. Il disait n'avoir jamais lu un livre uniquement parce que la forme en était belle; ce qui est d'autant plus étonnant qu'il avait une véritable organisation d'artiste. Quand il parlait ou écrivait sous la dictée de son cœur, il disait les choses les plus délicates de la manière la plus exquise. Plusieurs de ses lettres circulaires et un plus grand nombre de ses lettres particulières aux membres de son clergé, sont des modèles de style gracieux.

Mais quand il écrivait de sang-froid, n'écoutant que sa raison, son style était tout autre. Sa phrase devenait longue, embarrassée, en un mot, allemande. La plupart de ses mandements, remarquables du reste par la liaison des idées, sont de ce style germanique.

Les personnes qui ne connaissaient Mgr de la Motte que d'après ces mandements d'une lecture si pénible, avaient de lui, sous le rapport de la capacité, une opinion peu avantageuse. C'était même celle de quelques-uns de ses prêtres, quand une circonstance vint les tirer de leur erreur.

Le 30 septembre 1851, Mgr de la Motte réunit au grand séminaire de Vannes, en synode diocésain, les principaux membres de sa famille sacerdotale. Ce fut le point culminant de son épiscopat. Dans cette réunion il déploya, non-seulement tous les trésors de bonté que renfermait son cœur, mais aussi tous les trésors de science que possédait son esprit. Plusieurs de ses prêtres furent surpris et tous furent enchantés de cette richesse des qualités de leur évêque. Je ne puis m'empêcher de citer ici le discours prononcé par le vénérable curé de Baud, au moment de la clôture du synode, discours qui n'était que l'écho des sentiments du synode tout entier.

MONSEIGNEUR,

« La veille de la clôture du concile provincial de Rennes, vous exprimâtes, au nom des pères et des autres membres de ce beau et saint concile, les sentiments d'amour et de reconnaissance dont tous étaient pénétrés pour le vénérable métropolitain qui le présidait. Nous voulons, Monseigneur, suivre l'exemple qui nous a été donné par le concile de Rennes, nous voulons vous exprimer, avant de quitter le lieu du synode, les sentiments de reconnaissance et d'amour dont nos cœurs sont pénétrés pour vous.

» Depuis longtemps, Monseigneur, vous nous avez habitués à vos bienfaits. Sans parler de toutes les autres choses qui feront bénir éternellement votre épiscopat dans le diocèse, vous nous avez procuré le bonheur d'être unis, par un lien de plus, à l'Église, mère et maîtresse de toutes les églises, en nous rendant la liturgie romaine. Une nouvelle fois, Monseigneur, permettez-nous de vous en remercier.

» Votre administration si paternelle ne nous faisait pas désirer mais nous faisait plutôt redouter l'établissement d'une officialité diocésaine. Mais vous avez pensé qu'une bonne institution valait mieux qu'une bonne administration, parce que la première est permanente. Vous avez voulu garantir l'avenir de votre clergé. Nous ne pouvons pas ne point être profondément touchés de cette marque de votre sollicitude pour le bonheur de vos prêtres.

» Le diocèse était dépourvu de statuts qui fussent incontestablement en vigueur. Vous avez cru, et c'est aussi l'avis de tous vos prêtres, qu'il est utile d'en publier de nouveaux.

» Pour les faire, Monseigneur, vous n'étiez nullement tenu de nous consulter. Mais nos conseils, vous les avez appelés; nos vœux, vous avez voulu les entendre. Père, ami de vos prêtres, vous avez voulu vous entourer d'une partie de votre famille sacerdotale, d'une partie de ceux qui ont pour vous le plus grand respect uni au plus vif et au plus sincère attachement. Grâces, Monseigneur, vous en soient rendues. Nous sommes tous, et nos confrères qui n'assistent point à cette fête de famille sont, comme nous, reconnaissants de la confiance que vous nous témoignez.

» Indépendamment de l'intérêt que nous inspirent les questions que nous avons traitées pendant le synode, nous ne pouvons qu'être touchés de ce que vous avez exaucé nos désirs ardents de voir se renouer la chaîne des synodes diocésains; trop longtemps, hélas ! interrompue par le malheur des temps.

» Souffrez, Monseigneur, qu'en terminant, nous exprimions le vœu de tous nos cœurs, celui de vous conserver encore de longues années ! *Ad multos annos.* »

Sur-le-champ et sans aucune préparation, Monseigneur répondit à ce discours par les paroles suivantes :

« Je vous remercie, Messieurs, mes amis, mes enfants, de l'affection que vous portez à votre vieil évêque, à votre vieux père. Cette affection rendrait, si cela se pouvait, plus vifs encore les sentiments dont mon cœur est pénétré pour vous et pour nos frères absents.

» Pendant la longue durée de mon épiscopat, j'ai dû au clergé respectable et chéri auquel Dieu m'a donné d'appartenir, bien des jours de bonheur. Je lui en ai dû de bien précieux, à mes yeux, aux temps si difficiles de nos épreuves. Jamais je ne lui en ai dû d'un bonhenr plus pur et plus complet que l'a été celui que vous m'avez donné pendant notre synode.

» Maintenant que vos vœux me sont connus, je vais m'occuper de la rédaction de nos statuts diocésains. Je les rédigerai moi-même. D'autres que moi, je le sais, les rédigeraient très-certainement d'une manière moins imparfaite. Mais j'ai pensé que les paroles mêmes de votre meilleur ami, de votre père, s'insinueraient plus efficacement dans vos cœurs, dans les cœurs de la totalité de mes enfants, et, dès-lors, je n'ai pu hésiter.

» Puisse Dieu, Messieurs, vous combler de ses bénédictions ! Puisse-t-il en combler nos frères absents ! Puisse-t-il me donner de me retrouver un jour dans le ciel avec vous, avec vous tous que j'aime tant sur la terre ! »

Le discours de M. le curé de Baud mentionnait une autre réunion à laquelle Mgr de la Motte avait assisté, réunion bien plus imposante qu'un synode, le concile de Rennes. Celui qui écrit ces lignes y accompagnait Mgr de la Motte, et il a pu voir de près de quels égards ce prélat y fut l'objet, non-seulement de la part des prêtres de la province ecclésiastique, mais aussi de la part des autres évêques. Je suis sûr qu'aucun de ceux qui ont assisté à cette belle assemblée ne contestera que Mgr de la Motte y était fort considéré, non-seulement à cause de sa grande piété, de son aimable gaîté et de son urbanité parfaite, mais aussi à cause de sa science théologique.

Les vénérables évêques du Mans et de Nantes, qui ne le connaissaient pas avant cette époque, devinrent ses amis dévoués. Les autres évêques l'étaient déjà. Il fit complètement la conquête de tous les membres du second ordre avec lesquels il eut des rapports, notamment du R. P. abbé de Solesme et du P. Carrière, aujourd'hui supérieur de Saint-Sulpice.

Ce fut Mgr de la Motte qui, la veille de la clôture du concile, complimenta Mgr l'archevêque de Tours. Son discours fut très-goûté de l'assemblée. Voici en quels termes il s'exprima :

MONSEIGNEUR,

« Les pères et les autres membres de ce saint concile ont pensé à vous donner un témoignage public des sentiments qu'ils éprouvent pour Votre Grandeur; chez les uns, c'est un respectueux et fraternel attachement; chez les autres, un filial et respectueux amour; chez tous, une profonde vénération pour votre personne.

» Nous avons cru, Monseigneur, qu'à un prélat qui rappelle toute la bonté et la sainteté du divin Maître, nous ne pouvions rien offrir de plus agréable qu'un livre où sont décrites et dépeintes les diverses circonstances de la vie du Sauveur.

» Les membres de ce saint concile ont voulu que ce fût à moi de vous offrir ce livre et de vous exprimer les sentiments de tous. C'est à mon âge que je dois cet honneur. Tout autre que moi aurait été plus capable d'être leur interprète. Toutefois, si, pour l'être dignement, une seule chose eût suffi, vous être profondément dévoué, leur être profondément dévoué à tous, j'aurais eu à leur choix des droits autres que celui de mon grand âge.

» Je me le rappelle, Monseigneur; le jour de mon arrivée ici, j'exprimai devant Votre Grandeur le désir que le concile fût de courte durée; vous me dites qu'ayant une fois goûté le bonheur de la vie commune, nous souffririons au moment de la séparation, et que nous nous plaindrions de la trop courte durée du concile de notre province. Je sens maintenant, Monseigneur, et nous la sentons tous, la vérité de ces paroles. Oui, il m'est pénible de me séparer de vous, de me séparer de mes vénérés collégues. Vous et eux, vous avez eu pour moi des bontés excessives. Oui, il me coûte aussi de me séparer de ces vénérables confrères qui ont eu pour le vieil évêque tant d'égards affectueux qu'il n'oubliera jamais.

» Daignez, Monseigneur, chaque fois que ce livre vous tombera sous les yeux, bénir et recommander à Dieu ces dignes collégues, ces bons prêtres qui vous l'offrent. Daignez aussi ne pas oublier celui que tant de liens attachent désormais à vous pour le temps et pour l'éternité. »

CHAPITRE IX.

Oportet episcopum esse... hospitalem..
sobrium.

En 1829, au mois d'octobre, si je ne me trompe, Mgr de la
Motte avait pour hôtes des évêques des diocèses circonvoisins,
qu'il avait invités à venir rendre plus solennelle par leur présence
la bénédiction du monument du Champ des martyrs.

Ces évêques, si vénérables par leurs vertus et leur grand âge,
avaient remarqué avec quelque surprise que Mgr de la Motte
traitait ses prêtres avec une extrême bonté, et se mettait avec
eux, pour ainsi dire, sur le pied de l'égalité. J'avais dès-lors
l'honneur et le bonheur d'habiter l'évêché, et je me rappelle que
ces prélats crurent devoir donner un avis à leur jeune collégue.
« Monseigneur, lui dirent-ils, croyez-en notre expérience, ne
» continuez pas à laisser vos prêtres s'approcher de vous avec
» cette facilité. Rappelez-vous et ne perdez pas de vue cette
» maxime : *Major e longinquo reverentia.* » Mgr de la Motte leur
répondit à peu près en ces termes : « Il m'est impossible,
» Messeigneurs, de ne pas témoigner à mes bons prêtres
» l'attachement que j'ai pour eux, et de ne pas les traiter comme
» mes enfants. Mais soyez sans crainte, je sens en moi assez de
» ressort pour tenir à distance le prêtre téméraire qui voudrait
» ne point se gêner vis-à-vis de moi. »

J'étais jeune alors, et je gravais dans mon cœur, et je les y ai
conservées, les paroles qui tombaient de ces lèvres si vénérables.
J'ai vu depuis qu'en effet, Mgr de la Motte savait inspirer à ses
prêtres une confiance toute filiale, en même temps qu'un respect
dont ils ne se fussent jamais écartés impunément.

Durant plus de vingt ans, tous les prêtres qui se présentaient,
dans la matinée, à l'évêché, étaient reçus par Monseigneur, et
invités à dîner avec lui. Chanoines, curés, desservants, vicaires,
tous avaient également accès auprès de lui, tous s'asseyaient à sa
table; à tous il adressait quelques-unes de ces paroles aimables

dont il avait le secret. A ceux de ses prêtres que distinguaient leurs vertus et leur savoir, il accordait une autre faveur : il voulait que, quand ils viendraient à Vannes, l'évêché fût leur hôtel.

La table de Monseigneur était abondamment mais simplement servie. Il n'y paraissait de mets recherchés, de vins de liqueur, que dans les grandes circonstances, par exemple, à l'occasion de la Saint-Charles ou au premier de l'an, époques où il donnait à dîner à son chapitre et aux deux curés de la ville, ou bien quand il avait quelque évêque à loger à l'évêché.

Quant à Monseigneur lui-même, il était d'une excessive sobriété : de l'eau rougie était sa boisson ordinaire; les mets les plus simples étaient ses mets favoris.

Dans les dernières années de sa vie, il recevait beaucoup moins de monde, non qu'il condamnât sa première manière d'agir à l'égard de ses prêtres, mais parce que la conversation, à laquelle ses invitations l'obligeaient, le fatiguait extrêmement.

CHAPITRE X.

Oportet episcopum esse... benignum.

Cette paternité de Mgr de la Motte pour ses prêtres, cette bienveillance qu'il avait pour tout le monde, cette abondance d'expressions affectueuses qui formaient la trame de ses discours, faisaient croire aux personnes qui n'avaient point avec lui un commerce habituel que la douceur était en lui une vertu toute naturelle, qu'il n'avait, pour la pratiquer, aucune lutte à soutenir contre lui-même. C'était une erreur : Mgr de la Motte était naturellement porté à la violence. La plus légère contrariété suffisait pour exciter en son âme une tempête. Mais il luttait persévéramment contre lui-même, et ce n'était que rarement qu'il était vaincu dans ce combat. Quand il lui arrivait de céder à la violence de son caractère, il se relevait bientôt de sa chûte en se mettant aux pieds de celui sur lequel était tombé l'orage, et il fallait que sa victime subît ses bienfaits, sous peine de le rendre malheureux.

Pour moi, j'avoue que j'ai admiré Mgr de la Motte et dans ses victoires sur son caractère, et plus encore quand il était vaincu dans ce combat. Je l'ai vu donner des exemples de patience et de longanimité dont très peu d'hommes seraient capables. Je l'ai vu aussi, jusque dans sa dernière maladie, expier un moment d'impatience par des actes de l'humilité la plus héroïque.

Avec Mgr de la Motte, il y avait, à des intervalles éloignés, quelques moments pénibles à passer; mais habituellement son commerce était extrêmement agréable.

CHAPITRE XI.

Oportet episcopum esse... sanctum.

C'était dans la prière que Mgr de la Motte puisait la force de vaincre son caractère. Dès cinq heures en été, dès six heures en hiver, il commençait son oraison, et il y passait trois quarts d'heure avant d'aller à l'autel. Avec quel recueillement et quelle piété Monseigneur célébrait les saints mystères, et j'ajouterai avec quelle dignité et quelle grâce, jusqu'à sa première attaque de paralysie! C'est à l'autel surtout que paraissait dans tout son éclat la vivacité de sa foi. On ne pouvait le voir officier sans être profondément ému. Aussi une pauvre femme du peuple de Saint-Brieuc, qui l'avait vu imposant les mains à Mgr Le Mée, ne put-elle s'empêcher d'exprimer tout haut l'émotion qu'elle avait éprouvée, en disant dans son patois, au moment où Mgr de la Motte passait par une rue de cette ville : « Ah! parlez-mè de » Mgr de Vannes! Qu'il dit donc ben la messe, li! Il me hète » *(plaît)* ben à mè, ce Monseigneur évêque-là. »

Il aurait fallu que Mgr de la Motte eût été sérieusement malade, pour qu'il se privât du bonheur d'offrir le saint sacrifice. Pour la récitation de son office, il avait ses heures réglées, et il fallait que matines et laudes fussent récitées avant le souper. Chaque jour, il lisait un chapitre de l'Imitation, ou de la Vie dévote de saint François de Sales ; ou de la Perfection chrétienne de Rodriguez. Plusieurs fois chaque semaine il faisait son chemin de croix dans la chapelle de l'évêché, et les six dernières années de sa vie, il faisait tous les jours cet exercice. Quant à son chapelet, je ne crois pas que, pendant son épiscopat, il ait jamais omis, un seul jour, de le réciter. Sa dévotion à l'égard de Marie immaculée était des plus tendres. Dans toutes ses conversations, dans tous ses discours, il recommandait cette dévotion, et le jour où on lui administra le saint Viatique, c'est encore l'une des recommandations qu'il fit à son clergé réuni dans sa chambre.

Voici quels étaient ses exercices de piété pendant sa dernière maladie et jusqu'à la veille de sa mort : le matin, 1° les prières vocales, 2° un chapitre de l'Imitation, 3° une prière à la sainte Vierge, pour obtenir la grâce d'une bonne mort, 4° les litanies de la providence, 5° la prose du Saint-Esprit; dans l'après-midi, 1° vêpres et complies, 2° les litanies de la bonne mort, 3° le chapelet, 4° la vie du saint du jour, 5° un chapitre de Rodriguez, 6° les prières du soir.

CHAPITRE XII.

> Non superbum.... amplectentem eum qui secundum doctrinam est fidelem sermonem.

Mgr de la Motte a été un homme de prière, parce qu'il était humble et qu'il tenait du fond de ses entrailles à la sainte Église romaine.

Quiconque prie avoue sa pauvreté et son impuissance; mais l'orgueil ne s'avoue ni pauvre ni impuissant; pourquoi donc prierait-il? Puis, la prière est un commerce entre l'âme et Dieu. Or, Dieu veut bien se communiquer à ceux qui sont vides d'eux-mêmes, qui s'abîment dans le sentiment de leurs misères, mais il résiste aux superbes; ainsi que l'a dit Corneille : *Il ne s'abaisse pas vers ces âmes si hautes.* Que l'esprit de prière implique l'humilité, c'est une vérité si claire qu'elle n'a pas besoin de preuve. Que l'esprit de prière implique aussi un profond attachement au centre de l'unité, c'est une vérité aussi certaine, quoique moins évidente.

C'est une vérité historique que les sectaires ne prient pas. Les protestants discutent beaucoup, parlent beaucoup, mais, je le répète, ils ne prient pas ; car la prière produit l'onction et les sectaires n'en ont aucune. Voyez leurs écrits : rien de plus sec, de plus raide. Leur style est sans animation et a mérité un nom particulier, celui de style réformé.

Un phénomène différent se remarque dans les hommes dévoués au Saint-Siége. Qui fut plus homme de prière qu'un saint François de Sales, qu'un saint Alphonse de Liguori ? et qui fut plus attaché au Saint-Siége que ces deux saints ? L'onction passe de leurs âmes dans leurs écrits, et de leurs écrits dans l'âme du lecteur. Et l'on conçoit la raison de ce double phénomène : c'est que l'attachement au Saint-Siége est, dans une âme, dans la même mesure que l'humilité. Les superbes ne veulent pas de cette dépendance, les humbles ne trouvent de sécurité que dans la barque de Pierre.

Si donc Mgr de la Motte a été un homme de prière, si son âme était pleine d'onction, c'est que l'humilité était enracinée dans son cœur ainsi que l'attachement au Saint-Siége.

Que de preuves n'en a-t-il pas données ? Issu de la plus illustre famille de Bretagne, allié à la plus haute noblesse du pays, jamais il ne parlait de ses ancêtres, et quand, dans ses visites pastorales, il allait dans les paroisses où demeuraient les familles distinguées auxquelles l'unissaient des liens de parenté, au lieu de descendre à leurs châteaux, il descendait aux presbytères, habitations assez pauvres pour la plupart.

Loin d'avoir jamais ambitionné les charges ecclésiastiques, loin d'avoir jamais employé, pour y parvenir, la cabale et l'intrigue, il les a fuies avec une sorte de frayeur, et, je le répète, il fallut, pour lui faire accepter le siége de Vannes, les ordres du vénérable évêque de Rennes et du nonce apostolique.

Quand, en mai 1835, il fut nommé à l'archevêché d'Aix, il répondit par un refus qu'il fondait, disait-il, sur la conscience de son incapacité. Plusieurs prélats, entre autres le cardinal archevêque de Besançon, le pressèrent d'accepter, mais il demeura inébranlable dans sa première détermination. Une nouvelle preuve de son humilité tout à la fois et de son attachement pour son clergé, c'est que sa dernière volonté a été d'être enterré au cimetière commun, dans l'endroit réservé aux prêtres.

Quant à son dévouement au Saint-Siége, il en a donné des preuves éclatantes comme la lumière du soleil. Durant ses trente-trois ans d'épiscopat, Mgr de la Motte s'est trouvé, ainsi que les autres évêques de France, plus d'une fois en présence de graves difficultés. Souvent il ne savait trop quel parti prendre, parce que, comme l'a dit quelque part M. de Maistre, en temps de révolution le difficile n'est pas de faire son devoir, mais de le connaître. Alors il recourait à Rome, et la réponse de Rome était pour lui un oracle sacré; il en faisait la règle de sa conduite.

Fidèle à remplir l'engagement qu'il avait pris le jour de son sacre, d'aller lui-même, tous les cinq ans, *ad limina apostolorum,* pour rendre compte de son administration au chef de l'Église, ou, en cas d'impossibilité de faire lui-même ce voyage, d'y envoyer un délégué, il m'a député trois fois à Rome pour y accomplir en sa place ce devoir qu'il regrettait vivement de ne pouvoir remplir en personne. Il m'enviait mon bonheur de voir le Souverain Pontife, de l'entendre, de me prosterner à ses pieds et de recevoir sa bénédiction. A mon retour, il voulait que je lui racontasse jusqu'aux moindres détails de mes entrevues avec le Saint Père. * Aussitôt qu'il eut appris que le désir du chef de l'Église était que notre diocèse reprît la liturgie romaine, il annonça, dans une touchante circulaire à son clergé et à son peuple, que, dès l'année 1848, nous serions unis par un lien de plus à l'église mère et maîtresse de toutes les églises.

Quand éclata la guerre d'Italie, l'âme de Mgr de la Motte fut en proie aux plus vives inquiétudes. Il savait que la Péninsule était minée par les sociétés secrètes; il savait tous les ressorts que faisaient jouer les révolutionnaires pour indisposer contre le

* M. l'abbé Janault, chanoine honoraire du diocèse de Vannes et notre correspondant à Rome, a été chargé aussi par Monseigneur de déposer aux pieds du Souverain Pontife le compte-rendu du diocèse.

Souverain Pontife ces populations qui, quelques années auparavant, ne cessaient de crier : *Viva Pio nono!* Il savait que le but des carbonari était, non pas d'obtenir, dans les États de l'Église, la réforme de quelques abus prétendus ou réels, mais de dépouiller le Souverain Pontife de ses États. Il savait enfin qu'il suffisait de quelques hommes audacieux pour imposer le joug de la terreur à des populations entières, et que ces hommes audacieux, ces hommes du poignard, n'étaient pas rares en Italie. (Nous en avions eu quelques spécimens en France.) Il savait tout cela et il ne pouvait s'empêcher de craindre que la guerre contre l'Autriche ne devînt le signal de la guerre contre Rome. Les assurances données par le gouvernement français à l'épiscopat que l'on ne toucherait pas aux États de l'Église, les assurances réitérées à Rennes par M. le ministre des cultes que le plus parfait accord existait entre le Saint-Père et l'Empereur, accord dont le ministre citait pour preuve la présence du nonce et la sienne à la cérémonie de la remise du pallium à Mgr Saint-Marc, toutes ces assurances ne le tranquillisaient point, parce qu'il savait qu'une fois que le char révolutionnaire est lancé, on ne peut, à son gré, en arrêter la marche. Quand ses craintes se réalisèrent, quand plusieurs légations furent annexées au Piémont, on sait par quels moyens, la douleur de Mgr de la Motte fut au comble, et il ne crut pas devoir garder plus longtemps le silence. Il fut l'un des premiers évêques à parler, et l'on n'a pas oublié avec quelle force il éleva la voix.

Ceux qui vivaient avec lui savent que, dès ce moment, il fut plongé dans une profonde tristesse, que sa santé déclina d'une manière sensible, et l'on ne peut douter que les malheurs de l'Église n'aient abrégé sa vie de plusieurs années probablement.

Une de ses plus grandes consolations dans ses derniers moments était de laisser à son successeur un clergé tout dévoué au Saint-Siége.

J'éprouve le besoin de raconter ici à mes chers confrères en quels termes Mgr de la Motte parlait, dans ses conversations intimes, de son clergé et de son diocèse.

« Je suis et j'ai été, disait-il, le plus heureux des évêques.
» Je n'ai jamais trouvé dans mes prêtres l'ombre d'une résistance.
» Grâce à Dieu, l'esprit d'insubordination, qui est l'esprit de ce
» siècle, n'a pas pénétré dans mon diocèse. Quel est mon bonheur
» de voir la plus grande union régner dans mon clergé ! »

Puis il ajoutait avec quelque fierté : « Toutes mes paroisses
» de canton, toutes mes autres paroisses importantes ont à leur
» tête des prêtres d'élite. Mes séminaires ne laissent rien à
» désirer ; ils sont ma joie et ma couronne. Sous mon épiscopat
» s'est fondé à Thymadeuc un monastère de Trappistes. Pour
» témoigner à cette sainte maison toute mon estime et tout mon
» attachement, j'ai voulu bénir, il y a treize ans, son premier
» abbé, le R. P. Bernard, et tout dernièrement son second abbé,
» le P. Cyprien.

» Sous mon épiscopat s'est fondé à Vannes un magnifique
» établissement d'instruction secondaire, tenu par les RR. PP.
» Jésuites que j'ai toujours aimés et qui le savent bien. Un
» établissement du même genre s'est fondé à Sarzeau et marche
» bien, sous la direction des Pères dits de Picpus. Un établissement
» du même genre aussi s'est formé à Langonnet : il est tenu par
» les Pères du Saint-Esprit, et réussit à merveille.

» Dans presque toutes les villes de mon diocèse, il y a des
» écoles tenues par les Frères de la Doctrine chrétienne. Dans
» beaucoup de paroisses rurales, il y a des écoles tenues par les
» Frères de M. l'abbé de Lamennais. On sait le bon esprit qui
» anime les Frères de ces deux instituts. Ah ! quel magnifique
» héritage je laisse à mon successeur ! »

Aucun prêtre du diocèse n'a jamais douté de l'attachement de
Mgr de la Motte pour son clergé. Mais tout le monde ne sait pas
jusqu'où allait cet attachement. Toucher à un de ses prêtres,
entraver le ministère d'un de ses prêtres, c'était blesser Mgr de
la Motte à la prunelle de l'œil. J'ai été plusieurs fois à même de
voir de quelle manière énergique il défendait leurs droits. Qu'il
me soit permis de raconter ici une scène qui eut lieu dans les
premières années après la révolution de juillet, entre Mgr de la
Motte et le général commandant le département.

Ce général avait appris que, dans plusieurs paroisses du diocèse, on s'abstenait de chanter la prière : *Domine, salvum.* Il vint s'en plaindre à Monseigneur, et manqua absolument de tact et d'habileté. Voici à peu près en quels termes il formula sa plainte : « Beaucoup de vos prêtres, Monseigneur, ne chantent pas le » *Domine, salvum.* Il faut les punir. Ce sont des fonctionnaires » de l'État, des salariés de l'État ; ils mériteraient que le » gouvernement supprimât leur traitement, puisqu'ils ne prient » pas pour le chef de l'État. »

Mgr de la Motte répondit d'abord avec beaucoup de calme qu'il avait déjà adressé une circulaire à ses recteurs pour les engager à chanter cette prière, mais qu'il y avait certaines paroisses du diocèse où il serait imprudent de la chanter, à cause de la disposition des esprits ; que, pour éviter des scandales pendant l'office divin, les recteurs avaient cru devoir s'abstenir du chant de cette prière, et que lui, leur évêque, se garderait bien de les blâmer.

Le pauvre général ne savait pas à qui il avait affaire. Il crut qu'il pouvait aller plus loin. « Mais, Monseigneur, reprit-il, » vous-même êtes fonctionnaire et salarié de l'État, et, » permettez-moi de vous le dire, je vous trouve bien tiède. Moi, » voyez-vous, je ne connais qu'une chose, c'est qu'il faut servir » avec zèle celui qui vous paie. »

Le général avait comblé la mesure de la grossièreté ; aussi ne tarda-t-il pas à recevoir son châtiment. Monseigneur se leva, se plaça en face du pauvre général et lui dit : « Savez-vous, » Monsieur, comment s'appelait l'empereur qui régnait à Rome » quand saint Pierre y arriva ? — Mais, Monseigneur, je ne m'en » souviens pas. — Eh bien, si vous ne savez pas son nom, je » vous le dirai : il s'appelait Claude. L'histoire ne rapporte pas que » saint Pierre ait jamais demandé à Claude la permission de » prêcher l'évangile. Jésus-Christ ne lui avait pas dit : Tu » prêcheras si Claude te le permet. Eh bien ! Monsieur, pas plus » que saint Pierre, je n'irai jamais demander à un pouvoir » temporel quelconque la permission de remplir mes devoirs

» d'évêque. Pour cela, je ne dépends que de Dieu au ciel et du
» pape sur la terre. Je respecte les lois de mon pays, et l'État
» n'a pas de sujet plus soumis que moi. Mais en chose religieuse,
» ce ne sont pas les évêques qui sont sujets de l'État, c'est l'État
» qui est le sujet des évêques.

» Vous dites, Monsieur, que nous sommes les salariés de l'État!
» Vous vous trompez encore. Ce n'est ni une aumône ni un
» salaire que le clergé français reçoit de l'État, mais une
» indemnité. Nous sommes les créanciers de l'État et non ses
» salariés. Du reste, dénoncez-moi, si vous le voulez, au
» gouvernement; engagez, si vous le voulez, le gouvernement à
» supprimer mon traitement ainsi que celui de mes prêtres. Mais,
» Monsieur, je ne vous permettrai jamais dorénavant de tenir
» devant moi le langage que vous venez de tenir aujourd'hui. » *

Monseigneur était très-animé et il se retira dans sa chambre,
laissant le général tout abasourdi.

Celui-ci ne savait trouver ni son chapeau ni la porte pour
sortir, et l'on fut obligé de lui venir en aide.

CHAPITRE XIII.

Non turpis lucri cupidum.

L'âme de Mgr de la Motte était trop élevée pour être accessible
à la vile passion de l'argent. Il concevait, disait-il, toutes les
autres passions, mais celle-là, il ne pouvait la comprendre.
Il regardait l'avarice, l'ignominieuse passion d'amasser, comme
le signe certain d'une âme dégradée.

Pour lui, il poussait la vertu contraire à ce vice, on peut le
dire, jusqu'à l'excès. Recevoir quoi que ce soit de qui que ce
soit lui était souverainement désagréable. Demander, solliciter,
même pour d'autres, était une chose qui lui paraissait impossible.

Pendant bien des années, l'état du mobilier de l'évêché était
déplorable. Il eût suffi d'exposer au gouvernement l'état des
choses pour qu'on y apportât remède. Monseigneur ne pouvait se

* Telles furent, à peu près textuellement, les paroles de Monseigneur. Elles
étaient trop remarquables pour que je n'en gardasse pas fidèlement la mémoire.

résoudre à cette démarche. Sa cathédrale, son grand séminaire auraient eu besoin de recevoir de plus fortes allocations; s'il en avait demandé, il est probable qu'on eût fait pour Vannes ce que l'on faisait pour d'autres villes épiscopales, mais il éprouvait à demander une répugnance invincible. Tout ce que l'on pouvait obtenir de lui était qu'il appuyât les demandes de la fabrique et de l'architecte diocésain.

Lors du voyage de Leurs Majestés en Bretagne, Monseigneur recommanda de ne rien demander, de peur, disait-il, que notre accueil ne paraisse intéressé.

Mais autant il avait de répugnance à demander, autant il éprouvait de bonheur à donner. Aussi fallait-il, en ceux qui l'approchaient, bien plus d'habileté pour échapper à ses bienfaits que pour se les attirer.

On sait avec quelle largesse, vu ses ressources, il soutenait les différentes œuvres de charité de sa ville épiscopale. On sait que, pour les œuvres analogues établies dans les autres villes du diocèse, on faisait également appel à sa charité, et qu'il ne restait jamais sourd à ces appels. Mais on ne sait pas le nombre des pauvres honteux dont il soulageait secrètement la misère. J'ai été initié, pendant plus de trente ans, à ce double mystère de la pauvreté honteuse et de l'assistance secrète, car c'était par mes mains qu'il faisait ces sortes de charités, et je sais que ce nombre était considérable.

Les libéralités de Mgr de la Motte expliquent pourquoi, après un aussi long épiscopat, il n'a guères laissé, à son décès, que la somme nécessaire pour payer les legs qu'il avait faits à ses domestiques.

CHAPITRE XIV.

> Domine, quis habitabit in tabernaculo tuo?.... Qui loquitur veritatem in corde suo... nec fecit proximo suo malum.

Le récit que je viens de faire de la charité de Mgr de la Motte à l'égard du pauvre, me conduit naturellement à parler de sa charité à l'égard du prochain en général.

Je n'ai connu personne qui possédât cette vertu à un plus haut degré que lui. Comme il n'y avait dans son cœur que de nobles sentiments, il ne soupçonnait point dans le cœur d'autrui des sentiments d'une nature différente. Pour qu'il crût au mal, il fallait qu'il ne lui fût pas possible d'en douter. Son bonheur était de parler des âmes belles et généreuses qu'il avait rencontrées dans ce monde, et sa conviction était que ces âmes y sont plus nombreuses qu'on ne le croit communément. On ne peut douter qu'il n'ait aussi trouvé ici-bas des hommes peu estimables. Il a dû avoir le sort des hommes qui ont fait beaucoup de bien, c'est-à-dire, rencontrer parfois des ingrats, mais de ceux-ci il ne parlait jamais.

Et non-seulement il ne se permettait point de médire du prochain, mais il ne souffrait pas que l'on en médît devant lui. Pour empêcher qu'à sa table, on manquât à la charité, Mgr de la Motte avait adopté un genre de conversation qui paraissait peu sérieux. Sauf les quelques mots pleins de charme qu'il adressait à chacun de ses convives et qui prouvaient surabondamment que rien ne lui eût été plus facile que de donner plus d'élévation à ses discours, Mgr de la Motte parlait, pour user d'une expression triviale, de la pluie et du beau temps. Quand la conversation glissait sur la pente de la médisance, il la redressait en demandant brusquement des nouvelles de la récolte. On savait ce que cela voulait dire et l'on s'arrêtait. Volontiers il eût fait graver sur une des parois de sa salle à manger ce distique de saint Augustin :

Quisquis amat dictis alienam rodere famam
Hanc mensam vetitam duxerit esse sibi.

Mais si Mgr de la Motte veillait avec tant de soin à sauvegarder la réputation du prochain en général, combien n'était-il pas plus soigneux encore à veiller à la conservation de la réputation de ses prêtres.

Son amour pour son clergé ne se peut comparer qu'à celui d'une mère pour ses enfants. Il était fier de ses prêtres et se plaisait à les louer, même en présence des autres évêques. «Mon » clergé, disait-il, est l'un des meilleurs clergés de France. Il est

» très-dévoué au Saint-Siége, solidement instruit, plein de
» soumission et de respect pour son évêque et, presque sans
» aucune exception, exemplaire. » Certes, il n'eût pas été disposé
à souffrir que l'on portât la moindre atteinte à la réputation de ses
enfants bien-aimés.

Assurément le clergé morbihannais mérite bien l'attachement
que Mgr de la Motte avait pour lui. Cependant, quelque vertueux
qu'il soit, il est moralement impossible que, pendant trente-trois
ans, durée de l'épiscopat de Mgr de la Motte, tous les membres de
ce corps nombreux aient été, sans aucune exception, absolument
irréprochables. Comme tous les autres évêques du monde, Mgr de
la Motte s'est vu dans la nécessité de sévir contre quelques-uns
de ses prêtres. Oh! qu'il lui en coûtait d'user envers eux de
moyens de rigueur! Il le faisait néanmoins pour obéir à la voix
de sa conscience. Mais en les punissant, il ne négligeait rien
pour sauvegarder leur réputation. Jamais il n'eût dévoilé les motifs
de sa conduite à leur égard; il eût mieux aimé exposer son
administration à la censure que de la justifier par la révélation de
ses griefs.

Quelquefois des raisons d'administration l'obligeaient à imposer
momentanément des sacrifices à quelques prêtres dignes, à tous
égards, de son estime. Mais, pour écarter d'eux tout soupçon de
disgrâce, il saisissait avec bonheur toutes les occasions qui se
présentaient de leur témoigner son paternel amour en les appelant
à des postes importants. Il lui tardait que ces occasions se
présentassent.

CHAPITRE XV.

> Reddite ergo quæ sunt Cæsaris Cæsari,
> et quæ sunt Dei Deo.

La politique est un terrain dangereux où j'évite, autant que je
puis, de me placer, sachant qu'en pareille matière, quelque
chose que l'on dise ou que l'on fasse, on ne peut guère échapper
à la censure. Mais ne point raconter la ligne suivie en politique

par Mgr de la Motte serait laisser dans sa vie une trop grande lacune. J'en parlerai donc, et Dieu veuille que mon langage soit aussi prudent que l'a été sa conduite.

Les hommes sages de tous les partis ont approuvé et admiré la conduite de Mgr de la Motte à l'égard des divers gouvernements qui se sont succédé en France durant son long épiscopat.

Il était ce qu'on appelle légitimiste. Il avait puisé dans sa famille un dévouement qui a eu la même durée que sa vie, pour la branche aînée des Bourbons. Laïque, il eût porté son drapeau d'une main ferme, mais évêque, il crut qu'il ne devait point arborer d'autre drapeau que la croix.

Dès son arrivée dans le diocèse, en 1827, il s'imposa la loi de se renfermer dans l'exercice de ses devoirs d'évêque ; de ne rien dire, de ne rien écrire, de ne rien faire qui pût l'engager dans un parti politique quelconque, évitant par là de blesser les partis contraires. Désireux, dans l'intérêt de la religion, d'avoir de l'influence sur tous ses diocésains sans exception, il comprit qu'il ne pourrait atteindre ce but qu'en gardant une stricte neutralité. C'était la seule ligne à suivre dans un diocèse comme celui de Vannes où les passions politiques sont si ardentes. Dans quels embarras inextricables ne se fût-il pas jeté en tenant une conduite différente ?

Si, depuis 1830, il se fût rangé sous le drapeau politique de l'immense majorité de ses diocésains, quels auraient pu être ses rapports avec ceux qui avaient un autre drapeau et surtout avec les fonctionnaires publics et avec le gouvernement lui-même ? Et si, au contraire, paraissant abjurer ses anciens principes, il eût pris les couleurs du gouvernement, qu'auraient pensé de lui ses diocésains ? quelle autorité aurait eue sur eux la voix d'un prélat qu'on eût accusé d'apostasie, qu'on eût regardé comme un vil courtisan ?

Il évita ces inconvénients en ne sortant jamais du cercle qu'il avait tracé autour de lui. De là il tendait la main à tous les partis, et il témoignait une telle bienveillance à tous ceux qui avaient des rapports avec lui, qu'il leur était impossible de n'être point touchés de son accueil.

Jamais d'hostilité, jamais d'obséquiosité à l'égard du pouvoir : telle fut la devise qu'il adopta et à laquelle il resta toujours fidèle. Si les actes du pouvoir étaient favorables à la religion, il ne craignait pas d'y applaudir, dût-il par là mécontenter les personnes qu'il aimait et estimait le plus. Mais, d'un autre côté, la crainte de déplaire au pouvoir ne l'eût jamais empêché d'accomplir un devoir. Quand les intérêts de la religion étaient en péril, il jetait hardiment le cri d'alarme, dût son langage paraître à quelques-uns manquer de modération. Il pensait, comme saint François de Sales, que le langage d'un évêque doit être rond et sans déguisement.

Vis-à-vis des fonctionnaires publics, il usait de tous les égards, de la plus grande bienveillance, d'une discrétion extrême. Il n'était pas à craindre qu'il gênât leur liberté par ses recommandations. Mais si personne n'a jamais été plus éloigné que Mgr de la Motte d'empiéter sur les droits des autres, personne non plus n'était moins disposé que lui à permettre qu'on empiétât sur les siens. Le moyen infaillible de se brouiller avec lui était de se mêler de son administration. Il était (pourquoi n'en ferais-je pas l'aveu) jaloux à l'excès de son autorité : c'est une des petites imperfections de cette âme si belle et si noble.

CHAPITRE XVI.

Beati qui in Domino moriuntur.

Je touche à la fin de la tâche que je me suis imposée, et je remercie Dieu de ce que j'aie pu conduire jusqu'ici mon travail. Qui devait parler de Mgr de la Motte, si ce n'est celui qu'au su de tout le diocèse, il a comblé de bienfaits, qu'il a traité comme un fils ? O vénérable père, votre enfant n'a pas été et il ne sera jamais un ingrat : Votre image sera toujours vivante en son âme : le temps ne l'y effacera jamais. En consacrant le peu de force que Dieu lui a rendu à raconter, de son mieux, mais d'une manière si imparfaite, l'histoire fidèle de votre vie si belle et si sainte, il a goûté une joie ineffable. Il croyait encore vous voir, vous entendre, recevoir votre bénédiction. Ah! la seule chose qu'il souhaite désormais en ce monde, c'est de rendre sa vie sainte en se proposant la vôtre pour modèle, comme son unique espoir est de mourir dans les sentiments qu'il a vus en vous jusqu'à votre dernier soupir !

L'on comprendra aisément toute l'émotion que je ressens à retracer les derniers instants de Mgr de la Motte, et l'effort que je suis obligé de faire pour accomplir ma tâche jusqu'au bout.

Déjà plusieurs fois Mgr de la Motte avait essuyé des attaques de paralysie. La première attaque remonte à 1852 : elle fut assez faible. La seconde, qui eut lieu en 1853, fut plus forte. La troisième, qui eut lieu en 1858, fut extrêmement violente, mais céda promptement aux remèdes énergiques qui furent employés.

Ces diverses attaques n'avaient porté aucune atteinte à la tête, mais avaient rendu les jambes beaucoup plus faibles. Dans les dernières années, Monseigneur ne marchait qu'à l'appui de sa canne, quelquefois même il avait besoin d'un bras pour le soutenir. Toutefois il avait conservé toute son ardeur et toute son aptitude au travail. Nous espérions pouvoir le garder encore plusieurs années : mais dans la nuit du 26 février 1860, premier dimanche de carême, il se sentit indisposé et fut totalement privé de sommeil. Il se leva pourtant de grand matin le lundi 27, pour dire la sainte messe; mais quand il voulut se rendre à sa chapelle, il s'aperçut que ses jambes fléchissaient sous lui. Il fut obligé de se mettre au lit. M. le docteur de Quéral fut appelé et ne me cacha point toute la gravité de la maladie. Les remèdes ne produisirent qu'un mieux passager, ce qui fit perdre tout espoir de le conserver.

Pendant tout le carême, il y eut des alternatives de mieux et de pis. Mais la nuit du samedi saint, 7 avril, la paralysie gagna tout le côté gauche. Je me hâtai de prévenir sa famille des progrès de la maladie. Mme la marquise de Bizien se rendit avec ses deux enfants près de son oncle. Quelques jours après, le mal s'aggravant encore, je crus devoir conseiller à Monseigneur de recevoir solennellement le saint Viatique. Il y consentit bien volontiers ; et quand il vit réunis dans sa chambre ses grands-vicaires, le chapitre et tous les prêtres de la ville, il fit un effort et trouva assez de force pour adresser à son clergé, avant de recevoir la sainte Hostie des mains de M. l'abbé Baron, l'un de ses vicaires-généraux, un discours qui fit fondre en larmes tous les assistants. Je regrette de ne pouvoir reproduire ce discours. Il y recommandait à ses prêtres l'union, la dévotion à Marie immaculée et un dévouement inaltérable au Saint-Siége.

Dès le début et pendant la durée de sa maladie, Monseigneur voulut recevoir, plusieurs fois la semaine, la sainte Communion à minuit, et entendre la sainte messe dans sa chambre les jours de dimanches et de fêtes. Trois semaines environ avant sa mort, il éprouva pendant la nuit un long évanouissement, et je crus devoir lui administrer le sacrement d'Extrême-Onction.

Le vendredi 4 mai, je m'aperçus à sept heures du matin que sa fin était proche. Il jouissait encore de la plénitude de sa raison et parlait de manière à se faire comprendre. Je lui conseillai de communier en viatique. Il voulut auparavant se confesser et qu'on lui appliquât les indulgences de la bonne mort. Oh ! je n'oublierai jamais avec quelle foi et quelle piété il communia pour la dernière fois, en présence de Mme la marquise de Bizien et de tous ses domestiques !

Une heure après, il ne parlait plus. Pendant le reste de la journée, et même jusqu'à son dernier moment, il entendait et comprenait tout ce qu'on lui disait. Il appliquait sur ses lèvres le crucifix que je lui présentais, mais il faisait de vains efforts pour parler.

Toute la nuit du vendredi au samedi il fut très-agité ; il éprouva plusieurs fois des évanouissements, et, après une courte agonie pendant laquelle je récitais les prières pour les agonisants, il rendit son âme à Dieu vers quatre heures du matin.

La volonté formelle de Monseigneur avait été qu'on n'embaumât point son corps, et par là-même il mettait obstacle à ce que l'on différât de plus de deux jours son enterrement.

On fit ce qui était possible pour prévenir le diocèse de la mort de son premier pasteur; mais il arriva ce qui était inévitable, c'est que cette triste nouvelle ne parvint point assez à temps dans les paroisses pour que le clergé et les fidèles pussent se rendre des points éloignés du diocèse à la cérémonie des obsèques.

MM^{grs} les évêques de la province ecclésiastique furent prévenus par dépêches télégraphiques. Mgr l'archevêque de Rennes, auquel Mme la marquise de Bizien donna connaissance, par la même voie, du malheur qui la frappait, suspendit ses visites pastorales, se hâta de venir rendre les derniers devoirs à son vénérable collègue et prononça, à la messe d'enterrement, un discours qui produisit sur l'immense auditoire une profonde impression.

Malgré le court intervalle qui séparait la mort de Monseigneur de ses obsèques, puisque, mort le samedi matin, il était enterré le lundi matin, malgré la pluie qui tomba toute la matinée du lundi, une foule immense se pressait dans les rues de Vannes.

Dès les jours précédents, l'affluence y était grande. Le bon peuple morbihannais voulait contempler une dernière fois les traits de l'évêque qui l'avait gouverné si longtemps.

On estime que plus de vingt mille personnes s'agenouillèrent dans la chapelle où était exposé le corps du vénérable évêque.

Telle fut la vie et telle la mort de Monseigneur Charles-Jean DE LA MOTTE DE BROONS ET DE VAUVERT, évêque de Vannes.

Les paroles suivantes de la sainte Écriture me semblent résumer les qualités de ce pieux prélat :

Forma factus gregis ex animo.